NOTICE BIOGRAPHIQUE

SUR

L'ABBÉ PREVOST,

(LEPREVOST),

Chanoine titulaire de l'église métropolitaine de Rouen,
ancien curé de la paroisse Saint-Nicaise,

Décédé le 21 Juin 1854.

ROUEN,

Chez A. AILLAUD, Éditeur, rue St-Nicolas, 31,
Chez tous les Libraires,
et a l'imprimerie Renaux, rue de l'hôpital, 25.
1854

NOTICE BIOGRAPHIQUE

SUR

L'ABBÉ PREVOST.

L'abbé Leprevost (Jean-Félix-Casimir), plus connu sous le nom de L'ABBÉ PREVOST, dont la perte à jamais regrettable se fera vivement sentir parmi les pauvres, naquit à Rouen, le 15 novembre de l'année 1793, sur la paroisse Saint-Ouen. Ondoyé de suite, il fut baptisé le lendemain. Il eut donc le bonheur de ne pas être privé des grâces attachées à ce premier sacrement; car l'on sait à quels dangers étaient exposés alors les ministres des autels qui osaient enfreindre les rigueurs intolérantes de la loi.

Lorsque le 21 mai 1854, Monseigneur l'Archevêque éleva l'abbé Prevost à la dignité de chanoine titulaire de la Cathédrale, qui eût dit que la mort allait le ravir si rapidement à nos respects et aux sincères affections qu'il s'était si justement acquises dans l'exercice de ses fonctions sacerdotales? Ce n'est pas l'âge qui a brisé ce digne prêtre! L'abbé Prevost n'était encore que dans sa soixante-unième année quand le Dieu des miséricordes, qu'il avait si saintement servi, a daigné lui ouvrir ce séjour des élus vers lequel tendaient toutes ses aspirations.

Hélas! lorsqu'il quitta, pour n'y plus rentrer, le presbytère de Saint-Nicaise, dont la porte s'était ouverte pendant vingt ans à tant de repentirs et à tant d'infortunes, ce ne fut qu'à grand'peine qu'il se traîna jusque chez les dames du Saint-Sacrement. Là devait être la dernière halte de cet homme apostolique, victime volontaire d'un zèle ardent et d'une charité dont aucunes considérations humaines ne pouvaient arrêter l'essor.

Ame compâtissante, cœur dévoué, il possédait aussi des qualités solides et des connaissances variées que sa modestie s'efforçait de tenir secrètes. Mais, semblable à ces parfums précieux qui remplissent de leur arôme les appartements où on les a déposés, il répandait autour de lui la bonne odeur de ses vertus, et sa réputation de sainteté grandissait en raison même des efforts qu'il faisait pour se dérober aux admirations de ceux qui l'aimaient : or, il est inutile d'ajouter que tout le monde l'aimait.

Notre tâche sera bien douce, car dans cette courte biographie, nous n'aurons à enregistrer que des actes de dévouement et des œuvres de charité incroyables ; nous ne serons, d'ailleurs, que l'écho de la voix publique qui a sanctionné, depuis longtemps déjà, les beaux traits de cette vie honorable entre toutes.

L'abbé Prevost, comme nous l'avons dit en commençant, était né à Rouen, la ville par excellence des hommes d'élite en tout genre. Son père était fabricant, à cette époque où la fabrique de notre laborieuse cité se recommandait surtout par une sévère économie, des habitudes d'ordre, une probité à toute épreuve. Elevé sous les yeux et par les soins d'une mère tendre et pieuse, sa jeunesse ne soupçonna même pas le vice. Car telle était la candeur de nos anciennes familles d'artisans, — les petits fabricants autrefois partageaient les travaux de leurs ouvriers, — qu'ils se léguaient les principes de vertu et d'honneur avec le sang, pendant une longue suite de générations : c'était là leur plus bel héritage. Dans un pareil milieu, imbu de bonne heure des sentiments délicats qui sont comme un reflet du foyer domestique, il promettait déjà tout ce qu'il a tenu depuis.

C'est après la première communion que les parents commencent à s'inquiéter de l'avenir de leurs enfants; on songe alors au choix d'un état. Celui du jeune Prevost était tout trouvé ; du moins le pensait-on. Il se livra donc, dans la maison paternelle, aux divers travaux de la fabrication. Mais, et presque à son insu, cette intelligence se sentait déjà irrésistiblement entraînée dans une voie plus en rapport avec ses goûts pour l'étude. Enfin, la vocation l'emporta. Ses parents étaient loin d'être riches; puis, il avait deux sœurs, dont l'une l'a devancé dans la tombe, il y a quelques années, et dont l'autre est religieuse à l'Hospice-Général; puis encore, il fallait travailler longtemps alors pour acquérir *une petite aisance.....* N'importe! leur résolution fut bientôt prise: on s'imposera des sacrifices, et tout sera dit!

M. l'abbé Beaudouin, celui-là même à qui il devait succéder plus tard, dans la cure de Saint-Nicaise, s'intéressa vivement à lui. Des arrangements furent pris en sa faveur, et bientôt il put commencer les premières études de latin indispensables pour être admis à suivre les cours d'humanités. Ceci se passait dans les premiers jours de décembre 1808.

Son application soutenue, sa conduite exemplaire, présageaient déjà ce qu'il serait un jour. Après avoir acquis les notions préliminaires exigées pour son admission, le 2 octobre 1809, il entra au séminaire. Mais deux ans après, il se voyait contraint d'en sortir sur l'ordre de Monseigneur Cambacérès, ce prélat n'ayant pas jugé à propos de se soumettre à l'injonction du Gouvernement, qui exigeait que les élèves humanistes du séminaire suivissent les classes du lycée impérial.

Il quitta donc le séminaire, et peu de temps après, nous le voyons suivre les cours du lycée, en qualité d'élève externe. Entre les heures des classes, il se rendait chez M. l'abbé Motte, qui avait généreusement recueilli un assez grand nombre d'élèves du séminaire. Ce digne ecclésiastique, ainsi que M. l'abbé Legrand, vénérable octogénaire qui a bien voulu nous communiquer ces détails, lui servirent tour à tour de répétiteurs. Après s'être fait recevoir bachelier ès-lettres, il rentra au séminaire, le 18 octobre 1813, pour y faires ses études de philosophie et de théologie.

Les honorables ecclésiastiques qui furent alors ses condisciples pourraient seuls dignement raconter combien grande était son ardeur dans l'accomplissement de tous ses devoirs, combien grande son obéissance, combien grande surtout sa piété.

Le cercle des connaissances que l'Église impose à ses jeunes lévites était désormais parcouru pour lui ; du 18 décembre 1813 jusqu'au 21 décembre 1816, il avait reçu successivement les divers ordres mineurs et s'était préparé, avec un redoublement de ferveur, à la pratique de toutes les vertus chrétiennes. Enfin, le 20 décembre 1817, il fut ordonné prêtre par Monseigneur Cambacérès.

Dire la joie de la famille, de sa pieuse mère surtout, peindre les sentiments de foi avec lesquels il franchit pour la première fois les degrés de l'autel, c'est ce que nous renonçons à faire.

Ce fut à partir de ce moment que commença pour lui cette longue série de travaux apostoliques que la mort seule devait interrompre. Sans tenir compte des fatigues que l'exercice du saint ministère réserve aux jeunes clercs des sacrements dans une paroisse aussi populeuse que celle de Saint-Vivien, il se voua tout entier aux rudes labeurs de la prédication, et l'on peut se rappeler encore qu'il ne fut pas une des moins éloquentes voix qui descendirent du haut de la chaire de vérité. Entre autres preuves, il suffirait de citer la mission qu'il prêcha à Aumale, quelques années plus tard, avec un succès prodigieux.

Mais, lorsqu'il prêchait à Saint-Vivien, dont il a été quinze ans vicaire sous le vénérable curé Aubouin, il s'attachait, dans un style simple, souvent pittoresque, *trivial* même, quand il le jugeait convenable au but qu'il voulait atteindre, à captiver l'attention de ses auditeurs. Or, à Saint-Vivien, comme plus tard à Saint-Nicaise, son auditoire se composait, pour la plus grande partie, d'ouvriers et d'ouvrières de fabriques, de pauvres servantes, de petits boutiquiers complètement illettrés, de mères de famille et d'humbles filles à qui le travail ingrat de la couture ou du *bobinage* laisse à peine un instant de relâche. Aussi, les sermons qu'il prononçait étaient-ils une sorte de conversation familière où il exposait, en entrant dans les plus minutieux détails, les obligations particulières de ses auditeurs envers leur famille et leurs supérieurs. Les effets recherchés de la grande éloquence n'avaient rien à voir là.

Lorsque les offices étaient achevés, vous eussiez contemplé avec ravissement une foule empressée, avide de l'entendre encore, et qui se précipitait à sa suite dans une chapelle latérale. Alors les cantiques retentissaient sous les voutes sacrées; les instructions commençaient, et lui, avec une douce sérénité, sans paraître éprouver de lassitude, tant il se sentait heureux de gagner des âmes à Dieu, employait toutes les ressources de son imagination fertile et de sa parole pénétrante, pour rendre attrayantes les vérités les plus augustes. Il ne dédaignait pas d'exciter parfois le rire, car dans ces entretiens spirituels, il se posait comme un bon père dont les tendres épanchements ont toujours pour ses enfants un charme indéfinissable.

A cela ajoutez maintenant les soins à prodiguer aux malades et aux indigents, les longues heures passées au tribunal de la pénitence, les nouveaux-nés qu'on lui présentait aux fonts baptismaux, les fiancés dont il sanctifiait l'union, les morts qu'il accompagnait à leur dernière demeure; à cela ajoutez que la paroisse Saint-Vivien a toujours compté une nombreuse population de travailleurs qui, dans les mauvais jours, sont exposés à toutes les horreurs de la faim et de la misère, et dites si l'abbé Prevost pouvait goûter quelque repos?

Eh bien! ce bon prêtre trouvait encore le temps de s'occuper de pieuses associations, de réunir ses efforts à ceux des personnes charitables qui voulaient ou fonder ou appuyer de leur patronage des sociétés de secours.

Ici nous laissons parler une pieuse dame qui a bien voulu nous communiquer le renseignement suivant :

« Lorsque l'abbé Prevost était prêtre à Saint-Vi-
« vien, il conçut la louable pensée de s'adjoindre
« douze personnes pauvres pour l'aider dans l'œuvre
« qu'il voulait fonder en faveur des indigents malades
« ou infirmes de la paroisse Saint-Vivien. A ces
« douze personnes il ajouta quatre dames de charité.
« Le 1er février 1822 commencèrent les secours à
« domicile : ils consistaient surtout en bouillon,
« viande, sucre, huile, bois, médicaments, vêtements,
» linge, etc., etc. On prêtait même du linge blanc
« en échange du linge sale que l'on blanchissait
« sans aucune rétribution. Cette espèce de petit
« hôpital fut d'abord établi dans un local de la
« rue des Capucins ; mais, plus tard, les saintes
« filles qui s'étaient associées à l'œuvre si méritoire
« de M. l'abbé Prevost, vinrent s'installer sur l'Eau-
« de-Robec, dans une maison appartenant à Mlle Pos-
« tel qui leur en fit le généreux abandon. »

A la date du 18 décembre 1825, Sa Sainteté Léon XII, sur la demande de M. le curé de Saint-Vivien, et d'après le rapport fait en l'audience du Saint-Père par Monseigneur Pierre Caprano, archevêque d'Icône, secrétaire de la propagande, accordait sept années d'indulgence à l'association établie canoniquement en la paroisse Saint-Vivien, pour le soulagement des pauvres malades, sous la protection des sacrés cœurs de Jésus et de Marie.

Monseigneur le prince de Croï, archevêque de Rouen, permit, le 13 janvier 1826, de publier ces indulgences en l'église Saint-Vivien.

Lorsque M. Prevost fut promu à la cure de Saint-Nicaise, il n'abandonna pas son œuvre ; et, dit la personne que nous avons citée, « quoiqu'un grand « nombre d'âmes chrétiennes concourussent avec « lui pour répandre sur les affligés les trésors iné- « puisables de la charité, il soulageait encore de « pauvres familles en secret. Que de communautés « dont il fut le père, que d'infortunes secourues, « que d'inimitiés éteintes par son intervention, que « de réparations, que de restitutions, que de cœurs, « autrefois endurcis, lui doivent le bonheur d'une « conscience tranquille ! Que de bienfaits, enfin, « tenus soigneusement cachés, et que Dieu seul « connait ! Car il n'agissait qu'en vue de l'amour de « Dieu et du salut des âmes... Jamais il n'eut d'autre « but. »

Les considérations qui avaient déterminé l'abbé Prevost à fonder la société dont nous venons de parler, sont remarquables et méritent d'être méditées. Il est reconnu, est-il dit en tête des règlements :

« Qu'il est certaines personnes chargées d'enfants, « que, quoique malades, elles peuvent surveiller, et

« qui ont une répugnance très-grande à finir leur vie « loin de leur famille ;

« Que d'autres, dont la vie a été vertueuse et « exemplaire, ont droit à des attentions particulières, « et peuvent, en mourant dans la paroisse, l'édifier « par le souvenir de leur mort précieuse ;

« Que des âmes pieuses, en visitant les malades, « peuvent, par cet acte de charité, attirer des béné- « dictions sur la paroisse. »

Ces motifs étaient puissants, et, Dieu aidant, les résultats qu'il s'était promis n'ont point trompé son attente.

Indépendamment de toutes ces charges déjà bien lourdes, l'abbé Prevost dirigeait l'œuvre des religieuses de la *Société de Marie* dite du *Bon-Pasteur*. L'on peut assurer que pour lui cette direction n'était pas une sinécure.

Au reste, voici ce qu'il écrivait en 1841, dans l'avant-propos de son livre sur les *Commandements de Dieu :*

« Appelé par la Providence et nos supérieurs à « diriger une maison ouverte au repentir, nous « croyons qu'il est de notre devoir de la soutenir en « lui procurant des ressources. N'en ayant point par « nous-mêmes, nous destinons le produit de la vente « de cet ouvrage à fournir le nécessaire à de malheu-

« reuses jeunes personnes qui, ayant oublié dans « le monde l'observation des commandements de « Dieu et cédé à de perfides conseils, arrivent aussi « dénuées des biens temporels que de ceux de la « grâce, dans une demeure où elles retrouvent l'in- « nocence et les moyens d'y persévérer, à l'aide de « la charité des fidèles. »

Tel était le zèle qui le dévorait ; telle était la constante sollicitude qui ne lui permettait pas de s'accorder un seul instant de repos tant qu'il restait quelque chose à faire pour le salut des âmes ou pour le soulagement des misères corporelles.

De même que pendant son séjour au séminaire, de même que plus tard à Saint-Nicaise, et à tous les instants de sa vie, sa piété fut pour tous un perpétuel objet d'édification. Et l'on peut dire de lui, à cet égard, ce qui a été dit de l'abbé Motte (1).

« Un homme qui accomplit de telles œuvres n'a pu « en puiser l'idée et trouver le moyen de les prati- « quer que dans la piété la plus tendre et la plus « généreuse. D'ailleurs tous ses paroissiens l'ont vu, « ils ont pu admirer chaque jour sa gravité, son re- « cueillement profond dans le lieu saint. Ils ont « vu quelle vive foi se peignait dans tout ses traits

---

(1) *Notice sur l'abbé Motte*, par un de ses anciens vicaires.

« lorsqu'il assistait aux offices de l'église et s'acquit- « tait du devoir sacré de la prière. Ils l'ont con- « templé surtout à l'autel lorsqu'il y célébrait les re- « doutables mystères ; là, ce n'était plus un homme, « c'était un ange ; il était impossible de ne pas « sentir sa foi se ranimer en voyant celle de ce « saint prêtre. »

Sa douceur et sa patience n'étaient pas moins admirables que sa piété, et c'était toujours le sourire sur les lèvres qu'il accueillait les personnes qui venaient le déranger, même au milieu de ses occupations les plus graves. Enfin, pour se conformer aux paroles de l'Apôtre, il s'était fait tout à tous. C'est ce qui explique la considération universelle dont il était si justement environné.

Il n'estimait pas ce qu'il possédait comme étant à lui. Pour couvrir les membres nus de ses frères en Jésus-Christ, il n'est point de sacrifice qu'il ne se fût imposé. Une personne, peinée de lui voir porter depuis longtemps la même soutane, — ceci se passait sur la paroisse Saint-Vivien, — lui fit remettre un coupon de drap. Mais les jours se passèrent et l'abbé Prevost ne se montra point en soutane neuve. Qu'avait-il fait du drap qu'on lui avait envoyé ? Il en avait fait ce qu'il faisait de tout ce qu'il pensait lui être superflu : il l'avait donné !

Oh! quand la divine Providence se choisit un homme pour la plus grande gloire de ses desseins impénétrables, elle le remplit ainsi de force et de sagesse, et alors, à cet homme, aucun sacrifice ne coûte; il s'oublie lui-même et ne voit que la détresse de ses semblables. Vase d'élection, il n'éblouit pas les yeux par de brillants dehors, mais, au dedans, il contient, pour les répandre avec profusion, les dons célestes de la charité.

« Parmi les œuvres où s'est déployé le zèle actif « de M. l'abbé Prevost, doivent être comptés les « soins empressés qu'il a rendus pendant plusieurs « années à la maison qu'avec l'autorisation de Mon- « seigneur le prince de Croï, Mlle Chevallier avait « établie à Rouen en 1825.

« Cette maison, que la mort de sa fondatrice avait « laissée dans une incertitude bien angoissante pour « sa conservation, a vu ce digne prêtre se donner « toutes les peines du monde pour conjurer l'orage « qui la menaçait. Par la persévérance de son cha- « ritable zèle, M. l'abbé Prevost parvint à réunir « quelques personnes qui, vivement désireuses de « continuer l'œuvre de Mlle Chevallier, s'en sont ad- « joint d'autres, lesquelles, aujourd'hui, formant « communauté sous le patronage de l'*Immaculée « Conception*, se dévouent à l'éducation de la jeu-

« nesse et offrent aux dames du monde le bienfait « de la retraite. (1) »

En 1834, la mort de M. Beaudouin laissant vacante la cure de Saint-Nicaise, Monseigneur le prince de Croï fit choix de l'abbé Prevost pour succéder à ce digne ecclésiastique. En conséquence, le 31 mai, il prit possession du presbytère de sa nouvelle paroisse. Ce n'était pas un léger fardeau que celui qui allait lui incomber. Certaines paroisses de notre ville comptent, malheureusement, un très-grand nombre de pauvres; mais la paroisse Saint-Nicaise qui, eu égard à son étendue, n'en renferme pas un nombre moins considérable, offre des ressources presque nulles : l'opulence est vraiment une exception dans ce quartier éloigné du centre des affaires. Qu'on se figure donc les tourments, les angoisses de toute sorte qui allaient désormais assaillir l'âme sensible du bon curé de Saint-Nicaise, quand l'hiver ou une crise commerciale viendrait s'abattre sur tant de familles que son inquiète charité voudrait secourir à tout prix. Puis, et comme pour augmenter les difficultés de cette situation pénible, les fabricants de tissus, en transportant leur industrie à l'autre extrémité de la ville, avaient diminué d'autant le nombre

(1) Communiqué.

des paroissiens aisés qui auraient pu venir en aide aux classes souffrantes. Les ouvriers seuls étaient restés, retenus, d'un côté, par le taux moins élevé des loyers, et, de l'autre, par de vieilles relations de famille et d'amitié.

Il serait cependant difficile de dire toutes les sortes de secours qu'il répandit en abondance au sein des pauvres ménages, avec une entente admirable des besoins les plus urgents ; de dire surtout les moyens auxquels il lui fallut souvent recourir pour mener à bonne fin cette tâche quasi impossible. Quand démarches, courses, visites avaient été peu fructueuses ou n'avaient pas répondu à l'exigence des misères qu'il voulait adoucir, il faisait main-basse sur son mobilier et sur sa garde-robe ; tout y passait, même sa chaussure !.... Plus d'une fois il donna, faute de mieux, les vêtements de sa mère et de sa sœur.

Ce que nous écrivons là, une multitude de personnes pourrait l'affirmer.

Et pourtant, de tous les points du diocèse lui arrivaient des dons de toute nature : des provisions, de l'argent, des legs faits en faveur des pauvres de sa paroisse, car la confiance qu'il avait su inspirer était immense. Pour n'en citer qu'un exemple entre mille, le respectable M. Le Ber, décédé chanoine titulaire de la

Métropole de Rouen, avait déposé, à la date du 5 mars 1844, chez M. Boulen, notaire à Rouen, un legs de 500 francs fait par lui à M. le curé de Saint-Nicaise, pour ses pauvres. Cela se répétait souvent; mais il trouvait le secret de découvrir les misères cachées, de répondre à tous les appels faits à son bon cœur; c'est ce qui explique l'état perpétuel de gêne dans lequel il vécut, malgré les fréquentes remises de fonds dont nous venons de parler.

Un jour, c'était en 1847, un pauvre ouvrier, père d'une nombreuse famille réduite au plus complet dénuement, vint lui exposer le désespoir de sa femme et de ses enfants, à qui, faute d'ouvrage, il ne pouvait plus fournir les choses les plus indispensables à la vie. « J'ai été forcé, ajoutait ce malheureux, de « vendre les quelques effets et le peu de linge que « nous possédions. Maintenant, notre maison est « vide. Depuis deux jours nous n'avons pris aucune « nourriture, le boulanger nous ayant refusé du « pain à cause de la somme énorme que nous lui « devons..... Bien plus, chose pénible à avouer, je « n'ai pas même..... » (Ici la voix lui manqua; mais entr'ouvrant sa blouse et son gilet, il laissa apercevoir sa poitrine nue. Il n'avait pas de chemise!)

Ému à la vue d'une aussi profonde détresse, le

bon curé monte rapidement à sa chambre et redescend aussitôt en tenant dans ses mains des chemises et de l'argent qu'il remet à ce malheureux ; puis retirant le pot-au-feu destiné pour son dîner : « Prenez ceci, mon fils, sauvez-vous bien vite et priez « Dieu pour moi. »

Souvent, on l'a rencontré de nuit, portant des objets de literie chez des pauvres honteux. C'est ainsi qu'une fois, une patrouille de gardes nationaux le rencontra, passé minuit. Il portait un matelas sur ses épaules, c'était celui de son lit. La patrouille, le prenant pour un malfaiteur, se hâte de l'arrêter. Mais quelle ne fut pas la surprise de ces hommes en reconnaissant, dans ce prétendu voleur, M. Prevost lui-même ! Voilà comment il comprenait la charité !

Après cela, on se représentera facilement combien frugale était sa table, combien simple était son ameublement. Monseigneur Blanquart de Bailleul, dans une visite au presbytère de ce prêtre, digne des temps de la primitive Église, en fut vivement impressionné (1).

---

(1) *Parca mensa, toga simplex,*
Pretiosa nec supellex,
Ingens Deus prædium.
(Prose de Saint-Augustin).

Mais si l'intérieur de son presbytère offrait quelque chose de nu, de triste même, il n'en était pas ainsi de l'hôte qui habitait ce pauvre intérieur. M. Prevost, dont les traits respiraient la bonhommie la plus franche, avait le sourire plein de finesse, et l'on rapporte de lui des saillies charmantes. Enfin, à voir la naïve amabilité qui ne le quittait jamais, on pouvait lui appliquer ces paroles qu'il prête à une des interlocutrices de son *Livre de tout le monde* : « Ce qu'on aime n'est jamais bien pé-
« nible, ou si l'on en est un peu incommodé, on
« aime sa peine. »

Ce fut en 1836 qu'il établit, pour les garçons, la *Confrérie des Saints-Anges*.

Le but de cette confrérie consiste dans la pratique fréquente des devoirs religieux que l'Église recommande à tous ses enfants. Au mois d'octobre, elle célèbre une fête, dite *Fête des Saint-Anges*, et offre un pain bénit qui est distribué dans toute la paroisse. L'offrande est mise à la volonté des personnes et suivant leurs moyens.

Cette fête est annoncée, à l'avance, par une circulaire d'invitation adressée à tous les associés qui désirent avoir des *mains* de pain bénit pour leur compte particulier, ou qui veulent faire partie de la procession.

L'abbé Prevost n'était jamais plus heureux que lorsqu'il officiait à quelqu'une de ces imposantes cérémonies. Les paroles qu'il prononçait alors étaient on ne peut plus touchantes et les indifférents se sentaient doucement attirés vers cette religion qui a la puissance de réunir ainsi, dans un sentiment commun de piété, toutes les fortunes et toutes les classes.

Chaque année, quand la belle saison ramenait la fête du Saint-Sacrement, il faisait élever un reposoir dans le jardin du presbytère, et l'on s'y rendait processionnellement, ce qui était une grande consolation pour les fidèles, à cette époque où le culte catholique, moins privilégié, en cela, que les saturnales de la Mi-Carême, ne pouvait se montrer ni dans nos rues ni sur nos places.

Malgré les ressources excessivement précaires de la fabrique de l'église Saint-Nicaise, l'abbé Prevost se donna tant de tourment, sut si bien réchauffer le zèle des plus tièdes, qu'à diverses reprises il put faire exécuter des travaux importants de consolidation, des réparations de toute sorte, et même des embellissements dans cette modeste église, dont l'état de délabrement et presque de ruine n'échappait à personne.

C'est à lui que la paroisse est redevable de l'horloge dont elle jouit maintenant; il y consacra une partie du produit d'une édition de son livre sur les *Commandements de Dieu.*

Là, comme à Saint-Vivien, il continua ces exhortations paternelles, ces prônes touchants où la bonté de son âme et sa profonde connaissance du cœur humain lui valurent des succès bien doux pour un prêtre : l'affermissement de ceux que la grâce avait touchés, et la conversion de ceux qui s'étaient tenus éloignés des voies du salut. Combien d'âmes qu'il a détournées ainsi du chemin de la perdition ; combien de pères, combien d'excellentes mères de famille lui doivent le bonheur d'avoir élevé leurs enfants dans la crainte de Dieu et dans l'observance de ses commandements !

Infatigable, malgré la faiblesse de son organisation usée par de nombreux travaux, et, dans les derniers temps, par des maladies assez graves, il ne se bornait pas à prodiguer ses soins spirituels à ceux que la Providence lui avait donnés pour paroissiens, mais il étendait les grâces de son saint ministère bien au-delà des limites officielles qui lui étaient dévolues. Il suffisait que l'on réclamât le concours de ce bon pasteur, soit de jour, soit de nuit, pour qu'aussitôt il s'empressât d'accourir près des malades ou des affligés, quels qu'ils fussent. Et nous, qui écrivons ces lignes, avons été témoin de son empressement à se rendre à l'appel d'une mourante qui n'habitait plus sa paroisse; nous avons entendu les premières paroles qu'il lui adressa avec une douceur pénétrante ; nous nous en souvenons, car ce fut dans un moment bien cruel pour notre cœur.

Tel fut ce prêtre pendant les vingt années qu'il dirigea la paroisse Saint-Nicaise, où sa mémoire sera toujours en vénération.

A l'époque où l'Eglise fête la nativité de Notre-Seigneur, une crêche élégamment ornée demeurait exposée aux regards des fidèles jusqu'à l'Epiphanie, et la mère de famille qui accouchait la première dans cet espace de temps, recevait tous les menus objets qui composent la layette d'un nouveau-né. C'est à l'initiative de son pasteur que la paroisse Saint-Nicaise était redevable de cette institution aussi ingénieuse que charitable. Beaucoup de dames étrangères à la paroisse concouraient à cette œuvre, et quand les dons étaient considérables, on en faisait bénéficier d'autres pauvres mères indigentes.

Les Petites-Sœurs des pauvres, maintenant rue des Capucins, n'oublieront jamais qu'il fut leur seconde Providence.

Quand les deux premières arrivèrent à Rouen, il leur prêta une maison de peu d'apparence, située rue Saint-Nicaise, non loin du presbytère. Deux paillasses par terre, deux chaises, composaient tout le mobilier. D'ustensiles de cuisine, point... Leur unique avoir consistait dans une trentaine de francs. Mais l'abbé Prevost était là, et fières de sa protection, confiantes dans les desseins de Dieu, elles attendaient résignées. Bientôt la supérieure arriva. Monseigneur l'Archevêque, à qui elles furent présentées, s'intéressa vivement au succès de cette œuvre toute de dévouement et de charité : elles pouvaient désormais compter sur son appui. Deux jours après, elles recevaient, dans la petite maison de la rue Saint-Nicaise, deux pauvres femmes aveugles, âgées de quatre-vingts ans. Le bon abbé Prevost était radieux, et dès le dimanche suivant (août 1850), il parlait des Petites-Sœurs à son prône et les recommandait au zèle de ses paroissiens : on sait le reste.

Et puisque nous parlons des Petites-Sœurs, nous en profiterons pour emprunter à M. A. Archier une anecdote qui démontrera une fois de plus combien était grande la bonté de cœur de l'abbé Prevost, même lorsqu'il s'agissait de personnes dont la conduite n'était pas exempte de reproches.

« Un jour, une femme adonnée à l'ivrognerie est « présentée par M. le curé de Saint-Nicaise, qui ose

« à peine insister pour qu'on la reçoive. — C'est un « miracle à faire, dit-il à la supérieure générale. — « Nous ne faisons pas de miracles, répondit celle-ci, « mais si le bon Dieu veut se servir de nous pour « en faire un, je le veux de grand cœur. — Eh bien! « prenez cette pauvre pécheresse, et, si elle se « convertit, ce sera un grand miracle. — Le lendemain se présente cette pauvre femme, demi- « vêtue; on lui promet d'avoir bien soin d'elle, et « on l'accepte à la condition qu'elle ne sortira ja- « mais qu'avec une Petite-Sœur. Cette âme s'ouvrit « bientôt à la grâce, reconnut ses fautes, et, en ayant « fait l'aveu, reçut la sainte communion au jour « de la Toussaint (1). »

Nous nous garderons bien de passer sous silence une fondation qui lui fait le plus grand honneur et qui mériterait bien d'être imitée : nous voulons parler de la bibliothèque paroissiale qu'il avait établie et dont les conséquences furent incalculables pour le salut des âmes. Là, chacun pouvait venir chercher la nourriture spirituelle ou emporter chez lui les livres qui lui convenaient le mieux. Pour trouver un précédent à cette salutaire institution, il faut

(1) Adolphe Archier : *La maison des Petites-Sœurs, à Rouen*, 1852.

remonter aux plus beaux jours de l'Eglise. On ne peut trop admirer, en cela, la sagacité de son esprit : il avait trouvé un remède infaillible contre la contagion des lectures pernicieuses. En effet, c'est par les bons livres que l'on combat le mieux les mauvais. La création de cette bibliothèque devait devenir, avec le temps, un puissant moyen de moralisation.

L'abbé Prevost, et l'on a peine à concevoir qu'il ait pu se créer des loisirs, tellement les exigences du sacerdoce l'absorbaient tout entier, avait composé plusieurs ouvrages. On y retrouve à chaque page et cette forme naïve, et ce laisser-aller sans prétention qui avait tant de charme lors qu'il développait aux adultes et aux braves gens qui assistaient à son exposition du catéchisme de persévérance, les vérités chrétiennes qu'il avait le secret de rendre accessibles à toutes les intelligences, à force de simplicité.

Indépendamment des *Soirées religieuses* et de quelques opuscules d'une moindre importance, nous avons de lui : le *Livre de tout le monde* ou *Dialogues sur les Commandements de Dieu.* Nous savons que ses *Dialogues sur les Commandements de l'Église* sont entièrement achevés : il y a mis la dernière main pendant son trop court séjour chez les dames religieuses du Saint-Sacrement.

Il laisse encore, entre autres manuscrits : la *Passion*, dialogue en vers, et l'*Enfant Prodigue*.

C'est le grand séminaire qui hérite de la bibliothèque particulière de M. Prevost. Voilà un legs qui ne peut manquer de porter d'heureux fruits.

Pour ce qui s'appelle *un héritage*, on n'en devait pas attendre d'autre de lui, que le souvenir de ses bienfaits. Il avait vécu pauvre, il est mort pauvre.

Hélas ! quand son respectable successeur, M. l'abbé Thierry, vint s'installer dans l'humble presbytère de Saint-Nicaise, le même jour et à la même heure que vingt ans auparavant l'abbé Prevost y avait fait son entrée, celui-ci sentait déjà les atteintes du mal qui devait nous le ravir si cruellement. Ce ne fut qu'avec peine qu'il se traina jusqu'à la rue Bourg-l'Abbé, le 17 mai 1854. Le 21, il était nommé chanoine titulaire, par décret impérial du 22 mars 1854, approuvant le choix de Monseigneur l'Archevêque de Rouen. A quelque temps de là, le 21 juin, M. Thierry se rendait en toute hâte au chevet de cet homme de bien. Toute la nuit, nuit douloureuse, il resta constamment auprès du malade, dont il reçut le dernier soupir à quatre heures du matin. Il n'avait plus sous les yeux que la dépouille mortelle de ce juste ; l'âme était remontée au ciel.

Voici quelles furent les dernières paroles que l'abbé Prevost adressa à M. Thierry : *Ayez pitié d'un pauvre prêtre qui va mourir !*

Il conserva jusqu'à la fin toute la plénitude de ses facultés intellectuelles, et ce fut avec une douce et calme résignation qu'il vit approcher l'instant qui allait le réunir à son créateur.

Toute la journée du 21, son corps demeura exposé, revêtu de ses insignes de chanoine, et un grand nombre de fidèles furent admis à contempler pour la dernière fois les traits du prêtre vénérable dont toute la vie n'avait été qu'une longue suite de bonnes œuvres.

Ses obsèques eurent lieu le lendemain, au milieu d'un concours immense de peuple ; il semblait que la foule, par son empressement à s'associer aux cérémonies funèbres, voulût temoiguer encore de son attachement à l'abbé Prevost et de son respect pour sa mémoire. Dans ce funèbre cortége, on remarquait surtout les Petites-Sœurs des pauvres, accompagnées des vieillards dont elles prennent soin. M. l'abbé Prevost était l'aumônier de la maison, et là, les services innombrables qu'il avait rendus, les bienfaits qu'il s'était plu à répandre, lui avaient valu de nombreuses sympathies. Ces saintes filles, ces bons vieillards acquittaient ainsi, avec des larmes dans les yeux, une dette sacrée, celle de la reconnaissance.

Les cordons du poêle étaient tenus par les quatre plus anciens chanoines du Chapitre.

« Partout sur le passage du convoi, la population « saluait respectueusement, et, lorsque le cortége « funèbre a traversé la place Saint-Ouen, le poste « de la garde nationale lui a rendu les honneurs (1). »

Nous ne terminerons pas sans prévenir les personnes auxquelles la mémoire de ce prêtre vraiment évangélique est chère à plus d'un titre, que toute la paroisse se propose de lui ériger un monument. Les pauvres ont sollicité l'honneur d'apporter leur obole, et les braves gens de la maison des Petites-Sœurs ont voulu s'associer aussi à cette offrande unanime et spontanée.

On se propose également, avec l'autorisation de Monseigneur l'Archevêque de Rouen, de se rendre processionnellement à la bénédiction du tombeau. Cette imposante cérémonie réligieuse pourrait avoir lieu le jour de l'*Exaltation de la Sainte-Croix*, dont on célèbre la fête le 14 septembre.

---

(1) *Normandie* du 23 juin 1854.

NOTES.

— On trouvera peut-être que nous avons accordé trop peu de place aux détails de la vie intime et aux anecdotes. Nous croyons en cela avoir usé d'une sage réserve. Ce que nous avons dit suffira pour prouver jusqu'à quel point M. Prevost portait le sacrifice et l'oubli de soi-même, lorsqu'il s'agissait de venir en aide au malheur, car son ardente charité ne connaissait d'autres limites que celles que la religion elle-même lui défendait de franchir.

—Le bon curé de Saint-Nicaise signait toujours Prevost, nom que nous lui avons conservé, parce que c'est celui sous lequel il était généralement connu. Quand on lui en demandait la raison, il répondait : — « Que voulez-vous, « tous ces *le* prennent du temps à écrire, et le temps est « trop précieux pour le perdre : d'ailleurs je le dois à « Dieu et aux pauvres. » — Mais tous les membres de sa famille, si honorablement connus à Rouen, signent Leprevost. C'est ainsi, du reste, que signaient ses ancêtres. Dans une pièce authentique, relative au mariage qui fut célébré entre Pierre-François-Aimable Leprevost et Henriette-Julie-Victoire Levillain, ses père et mère, se trouvent les signatures suivantes : Pierre Leprevost, André Leprevost, François Leprevost, Ve Leprevost..... Cette pièce porte la date du 1er juin 1781.

Les lettres de faire part, adressées par sa famille à un grand nombre de personnes, le désignent ainsi : Jean-Félix-Casimir Leprevost. Il avait, lorsqu'il mourut, 60 ans 7 mois et 6 jours.

— Lorsqu'après sa première communion, qu'il fit à Saint-Vivien, à l'époque où M. Boïeldieu était curé de cette paroisse, il se sentit appelé à l'état ecclésiastique, il en parla d'abord à son confesseur, M. l'abbé Beaudouin. Celui-ci, ayant cru reconnaître dans les désirs manifestés par cet enfant, toutes les marques d'une vocation réelle, alla trouver la famille, qui ne fut pas peu surprise, car le jeune Prevost avait tenu jusqu'alors sa résolution secrète.

— Dans le temps qu'il faisait ses humanités, il consacrait toutes ses vacances à aider dans leurs études les élèves qui avaient moins d'aptitude que lui.

— Nous avons oublié de mentionner qu'après la mort de M. Aubouin, il fut quelque temps vicaire sous M. l'abbé Denize.

— *Le Messager de la Charité*, dans un article consacré à l'abbé Prevost, s'exprime ainsi :

« Que de fois pendant l'hiver, lorsque la soirée était « avancée, et qu'un froid extrême forçait chacun à rester « chez soi, M. Prevost veillait seul à son confessionnal ! « La pensée que quelque pénitent, forcé par sa conscience « de braver cette température de glace, aurait besoin de « son ministère, le faisait se dévouer ainsi pour le salut « de ses semblables. Lorsqu'il se décidait enfin à quitter

« l'église, il portait ailleurs les bienfaits de sa consolante « abnégation. »

Et plus loin :

« Que de fois aussi, au moment de se mettre à table, « n'a-t-il pas donné son frugal repas aux indigents qui « frappaient à sa porte en demandant l'aumône. « Je pen- « serai à moi plus tard, disait-il, quand j'aurai le temps. » « Le fait est qu'après avoir distribué son dîner, il fallait « qu'il attendît que la Providence vînt aussi à son secours ; « car souvent, pour ne pas dire toujours, il manquait du « plus strict nécessaire. »

— Sa maison était, dans toute l'étendue du terme, ce que le peuple appelle *la maison du bon Dieu*. Lorsqu'à la fête du Saint-Sacrement, il faisait élever un reposoir dans le jardin du presbytère, tous ceux qui participaient à ce travail, plus ou moins, et même ceux qui n'y prenaient aucune part, allaient et venaient dans les appartements, se servaient pain, viande, cidre, dont il leur laissait généreusement la libre disposition. C'était, comme l'on dit, *à la fortune du pot*.

On se rappelle encore les beaux reposoirs que M. Fagot construisait chaque année. Un, entre autres, fut reproduit par le crayon de feu Vasselin, et la lithographie se vendit au profit des pauvres de la paroisse Saint-Nicaise.

— Lorsqu'il réclamait le concours de ses paroissiens pour l'accomplissement d'une œuvre utile ou d'un acte de charité, il recevait même la plus modique offrande ; car, disait-il, il est beau de donner, ne fût-ce qu'un centime.

Mais, afin de ne gêner personne et de ménager la susceptibilité des petites bourses, il faisait préalablement vider un tronc, et chacun venait y déposer ce qu'il pouvait.

— Il était comme submergé par les occupations multipliées que lui créait sa charité sans bornes. Aussi, un grand nombre de feuilles volantes sur lesquelles il jetait tantôt des pensées pieuses, tantôt des cantiques et des petites pièces de vers, sont-elles surchargées de *memoranda*. Toujours il s'agit ou d'une messe pour la femme d'un pauvre ouvrier, ou d'une visite chez un malade, ou de secours aux enfants d'une mère de famille près d'accoucher, etc., etc. Comme on le voit, sa sollicitude était toujours en éveil.

— Souvent des personnes riches se plaisaient à lui envoyer des objets de prix, tels que tabatières, montres, etc. Mais tous ces objets prenaient le chemin de la pièce de drap dont nous avons parlé, et qui ne servit pas à remplacer sa vieille soutane. Après sa mort, on trouva une de ces jolies montres. Comme ses devancières, elle était réservée à une bonne œuvre : c'est ce qu'indiquait un petit papier placé au fond de la boîte.

— L'abbé Prevost, enfin, ne s'accordait pas plus de six heures de sommeil. Toutes les autres heures étaient consacrées à la religion ou à l'étude. Il s'était tracé un plan de vie dont il ne se départit jamais. Et comme la pensée de Dieu était toujours présente à son esprit, chacun des jours de sa vie fut marqué par une bonne action.

— Avant de clore cette notice, nous ne pouvons nous empêcher de raconter ce qui suit :

Un charmant petit garçon qui avait entendu parler du tombeau que l'on doit élever à la mémoire de l'abbé Prevost, avec les dons volontaires de toute la paroisse, rencontre M. de L*** dans la rue. Il l'aborde timidement, et, lui présentant un *deux sous* : « Est-ce vrai, monsieur, qu'on va faire un beau tombeau à M. le curé qui est mort ? — Oui, mon petit ami. — Oh ! c'est que je veux donner quelque chose aussi, moi » — Et disant cela, les joues plus rouges que les cerises dont il allait se priver, il remit ses deux sous à M. de L***, qui se garda bien de les refuser.

— Indépendamment de ce tombeau, il sera placé, dans l'église Saint-Nicaise, une inscription consacrée à la mémoire de l'abbé Prevost.

LE CONVOI DU PRÊTRE.

— Sur ce char qui lentement roule,
Quel est ce modeste cercueil ?
Les pleurs, les sanglots de la foule
Attestent un immense deuil.

— Ce convoi, c'est celui d'un prêtre
Qui vécut dans la pauvreté,
Qui fut toujours, qui voulut être
Le martyr de la charité.

— J'ai vu, dans mes courses lointaines,
Les splendeurs d'illustres trépas ;
C'étaient des rois, des capitaines...
Et le peuple ne pleurait pas.

— Oui ; mais celui qu'un peu d'argile,
Dans un instant, va recouvrir,
Fut l'apôtre de l'Évangile,
Il sut aimer, donner, souffrir.

— L'homme chargé d'honneurs espère
Quelque gloire, — il meurt inconnu !
— Cet homme n'était pas le père
De l'infirme et de l'enfant nu.

— Vieillards brisés, pauvres familles
Que glace le vent du malheur,
Blanches colombes, chastes filles,
Ah ! je comprends votre douleur !

— Aussi, regarde : chacun prie,
Comme si cette bouche d'or,
Du haut de la sainte patrie,
Pouvait le consoler encor !

— Dieu de la vie et de la tombe,
Maître de la terre et des cieux,
De mes erreurs le voile tombe,
La vérité brille à mes yeux !

— Epris de funestes mensonges,
Ton cœur oublia-t-il la croix?
— Hélas ! j'ai poursuivi des songes,
Mais, devant ce cercueil, je crois.

A. D.

Rouen. — Imprimerie de H. RENAUX, rue de l'Hôpital, 25.

www.ingramcontent.com/pod-product-compliance
Ingram Content Group UK Ltd.
Pitfield, Milton Keynes, MK11 3LW, UK
UKHW022155190726
13855UKWH00004B/1487

9 782013 188654